AF189232

Impressum
Verlag: BABADADA GmbH, Nedderfeld 112 , 22529 Hamburg
Geschäftsführer / Verlagsleitung: Harald Hof
Druck: Books on Demand GmbH, In de Tarpen 42, 22848 Norderstedt

Imprint
Publisher: BABADADA GmbH, Nedderfeld 112 , 22529 Hamburg, Germany
Managing Director / Publishing direction: Harald Hof
Print: Books on Demand GmbH, In de Tarpen 42, 22848 Norderstedt

בית ספר
shkolla

כיתה
klasa
חילק
pjesëtim
186/2
לוח
tabela
oborr shkolle
מורה
mësues
נייר
letër
כתב
shkruaj
עט
stilolaps
שולחן עבודה
tavolinë
סרגל
vizore
ספר
libri
תלמיד
nxënës

ילקוט
çantë

קלמר
mbajtëse lapsash

עיפרון
laps

מחדד
mprehës lapsash

גומי מחיקה
gomë

חוברת סרטוט
fletore vizatimi

סרטוט

vizatim

מברשת

penel

קופסת צבעים

kuti bojërash

מספריים

gërshërë

דבק

ngjitës

ספר תרגול

fletore detyrash

שיעור בית

detyrë shtëpie

12

מספר

numër

2+2

חיבר

mbledh

5-2

חיסר

zbres

2✕2

הכפיל

shumëzoj

חישב

llogaris

A

אות

gërmë

ABCDEFG HIJKLMN OPQRSTU VWXYZ

אלפבית

alfabeti

hello

מילה

fjalë

טקסט

tekst

קרא

lexoj

גיר

shkumës

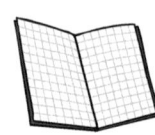

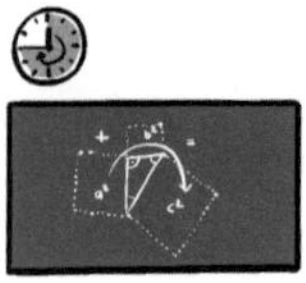

שיעור

mësim

יומן נוכחות

regjistër

מבחן

provim

תעודה

çertifikatë

תלבושת בית ספר

uniformë shkolle

חינוך

arsimim

אנציקלופדיה

enciklopedia

אוניברסיטה

universitet

מיקרוסקופ

mikroskop

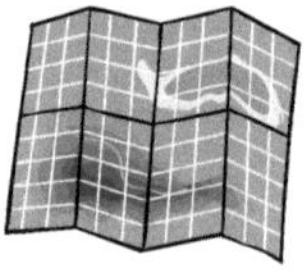

מפה

hartë

סל נייר

kosh letrash

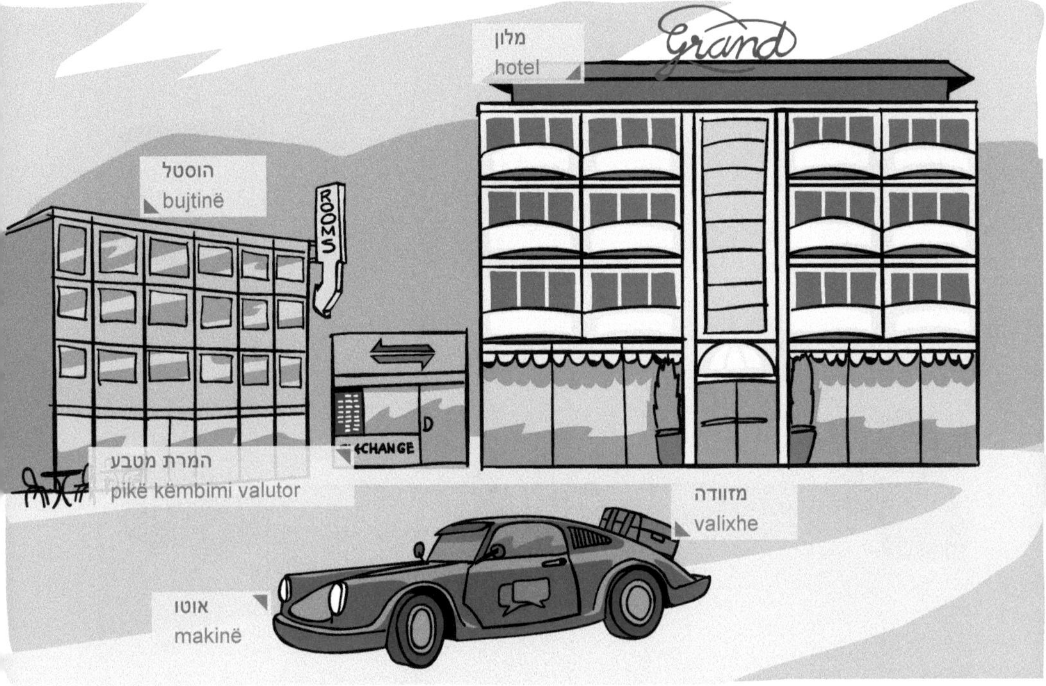

Grand
מלון
hotel
הוסטל
bujtinë
ROOMS
המרת מטבע
pikë këmbimi valutor
מזוודה
valixhe
אוטו
makinë

שפה

gjuhë

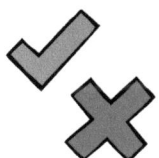

כן / לא

po / jo

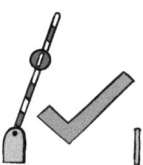

בסדר

Në rregull

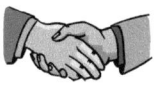

שלום

ç'kemi

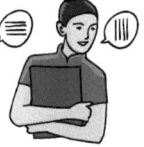

מתרגם

përkthyes

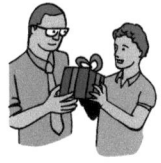

תודה

Faleminderit

כמה עולה.....?

sa kushton…?

אני לא מבין

nuk e kuptoj

בעיה

problem

ערב טוב!

Mirëmbrëma!

בוקר טוב!

Mirëmëngjes!

לילה טוב!

Natën e mirë!

להתראות

mirupafshim

כיוון

drejtim

כבודה

bagazhet

תיק

çantë

תרמיל גב

çantë shpine

אורח

mysafir

חדר

dhomë

שק שינה

thes gjumi

אוהל

tendë

מרכז מידע לתיירים

informacion për turistët

חוף ים

plazh

כרטיס אשראי

kartë krediti

ארוחת בוקר

mëngjes

ארוחת צהריים

drekë

ארוחת ערב

darkë

כרטיס

Biletë

מעלית

ashensor

בול

pulla

גבול

kufi

מכס

doganë

שגרירות

ambasadë

אשרה

vizë

דרכון

pasaportë

תחבורה

transport

מטוס
aeroplan
אונייה
anije
כבאית
makinë zjarrfikëse
אוטובוס
autobus
משאית
kamion
סירת מנוע
motoskaf
אופניים
biçikletë
אוטו
makinë

מעבורת
traget

סירה
varkë

אופנוע
motoçikletë

ניידת משטרה
makinë policie

מכונית מרוץ
makinë garash

רכב שכור
makinë me qira

מכוניות בשיתוף

ndarje e qirasë së makinës

אוטו גרר

karroatrec

משאית זבל

makinë plehrash

מנוע

motor

דלק

benzinë

תחנת דלק

pikë karburanti

תמרור

sinjalistikë trafiku

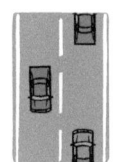

תנועה

trafik

פקק תנועה

bllokim trafiku

חניה

parkim makinash

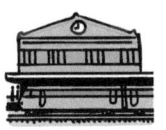

תחנת רכבת

stacion treni

פסי רכבת

trase

רכבת

tren

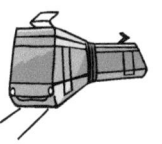

רכבת קלה

tramvaj

קרון

karro

מסוק

helikopter

שדה-תעופה

aeroport

מגדל

kullë

נוסע

pasagjer

קונטיינר

kontenier

קרטון

kuti kartoni

עגלה

qerre

סל

shportë

המראה / נחיתה

ngrihem / ulem

עיר

qytet

כפר

fshat

מרכז העיר

qendra e qytetit

בית

shtëpi

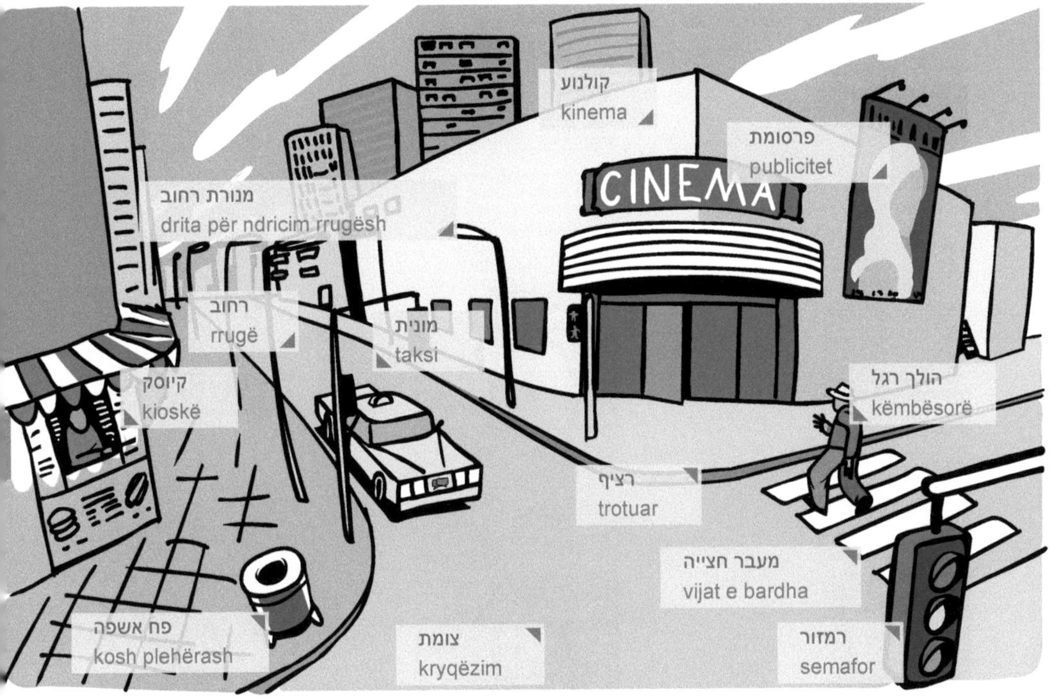

קולנוע
kinema

פרסומת
publicitet

מנורת רחוב
drita për ndricim rrugësh

רחוב
rrugë

מונית
taksi

קיוסק
kioskë

הולך רגל
këmbësorë

CINEMA

רציף
trotuar

מעבר חצייה
vijat e bardha

פח אשפה
kosh plehërash

צומת
kryqëzim

רמזור
semafor

בקתה
kasolle

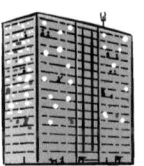

דירה
apartament

תחנת רכבת
stacion treni

עירייה
bashki

מוזיאון
muze

בית ספר
shkolla

אוניברסיטה

universitet

בנק

bankë

בית חולים

spital

מלון

hotel

בית מרקחת

farmaci

משרד

zyrë

חנות ספרים

librari

חנות

dyqan

חנות פרחים

dyqan lulesh

סופרמרקט

supermarket

שוק

market

כל-בו

mapo

מוכר דגים

dyqan peshku

קניון

qëndër tregtare

נמל

port

פארק

park

ספסל

stol

גשר

urë

מדרגות

shkallë

רכבת תחתית

metro

מנהרה

tunel

תחנת אוטובוס

stacion autobuzi

בר

bar

מסעדה

restorant

תא דואר

kuti postare

שלט רחוב

sinjalistikë rrugore

מדחן

kohëmatës parkimi

גן חיות

kopsht zoologjik

בריכת שחיה

pishinë

מסגד

xhami

חווה

fermë

זיהום

ndotje

בית עלמין

varrezë

כנסייה

kishë

מגרש משחקים

shesh lojërash

בית מקדש

tempull

נוף

peisazh

עלה
gjethe

תמרור
tabela orientuese

דרך
rrugë

מרעה
livadh

אבן
gurë

עץ
pemë

מטייל
ekskursionist

נהר
lumë

דשא
bar

פרח
lule

בקעה

luginë

הר

kodër

אגם

liqen

יער

pyll

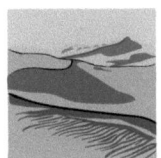

מדבר

shkretëtirë

הר געש

vullkan

טירה

kështjellë

קשת בענן

ylber

פטריה

kepudhë

דקל

palmë

יתוש

mushkonjë

זבוב

mizë

נמלה

milingonë

דבורה

bletë

עכביש

merimangë

חיפושית

brumbull

צפרדע

bretkosë

סנאי

ketër

קיפוד

iriq

ארנב

lepur

ינשוף

buf

ציפור

zog

ברבור

mjellmë

חזיר בר

derr i egër

צבי

dre

אייל הקורא

dre brilopatë

סכר

digë

טורבינת רוח

turbinë ere

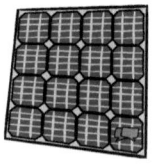

פנל סולארי

panel diellor

אקלים

klimë

מסעדה
restorant

מלצר
kamarier
תפריט
menu
כסא
karrige
מרק
supë
פיצה
pica
סכו"ם
set ngrënieje
מפת שולחן
mbulesë tavoline

מנת פתיחה

pjatë e parë

מנה עיקרית

pjatë kryesore

קינוח

ëmbëlsirë

שתיות

pije

אוכל

ushqim

בקבוק

shishe

מזון מהיר

ushqim i shpejtë

אוכל רחוב

ushqim i shërbyer në rrugë

קנקן תה

ibrik çaji

מסכרת

kuti sheqeri

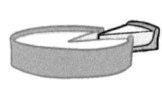

מנה

racion

מכונת אספרסו

makinë kafeje ekspres

כסא תינוק

karrige e lartë

חשבון

faturë

מגש

tabaka

סכין

thika

מזלג

pirun

כף

lugë

כפית

lugë çaji

מפית

pecetë

כוס

gotë

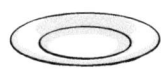

צלחת

pjatë

קערת מרק

pjatë supe

תחתית

pjatë filxhani

רוטב

salcë

מלחייה

mbajtëse kripe

מטחנת פלפל

mulli piperi

חומץ

uthull

שמן

vaj

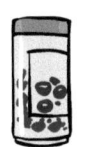

תבלינים

erëza

קטשופ

keçap

חרדל

mustardë

מיונז

majonezë

סופרמרקט
supermarket

מבצע
ofertë speciale
לקוח
klient
מוצרי חלב
produkte bulmeti
פירות
frut
עגלת קניות
karrocë pazari

אטליז

dyqan mishi

מאפייה

furrë buke

שקל

peshoj

ירקות

perime

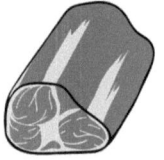

בשר

mish

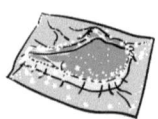

מזון קפוא

ushqim i ngrirë

בשר קר

....

copë

שימורים

....

ushqim i konservuar

אבקת כביסה

....

pluhur larës

ממתקים

....

ëmbëlsirat

מוצרי בית

....

prodhime shtëpie

חומר ניקוי

....

produkte pastrimi

מוכרת

....

shitëse

קופה

....

kasë fiskale

קופאי

....

arkëtar

רשימת קניות

....

listë blerjeje

שעות פתיחה

....

oraret e punës

ארנק

....

portofol

כרטיס אשראי

....

kartë krediti

תיק

....

çantë

שקית נילון

....

qese plastike

שתיות
pije

מים

ujë

מיץ

lëng frutash

חלב

qumësht

קולה

koka-kola

יין

verë

בירה

birrë

אלכוהול

alkool

קקאו

kakao

תה

çaj

קפה

kafe

אספרסו

kafe ekspres

קפוצ'ינו

kapuçino

בננה

banane

תפוח

mollë

תפוז

portokalle

אבטיח

pjepër

לימון

limon

גזר

karrotë

שום

hudhër

במבוק

bambu

בצל

qepë

פטריות

kërpudha

אגוזים

arra

אטריות

makarona

ספגטי spageti	אורז oriz	סלט sallatë
צ'יפס patate të skuqura	צ'יפס patate të skuqura	פיצה pica
המבורגר hamburger	כריך sanduiç	שניצל shnicel
שינקין proshutë	סלאמי sallam	נקניקיה salçiçe
עוף pulë	טיגון skuq	דג peshk

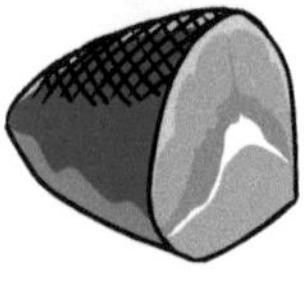

שיבולת שועל

tërshërë

מוזלי

drithëra

קורנפלקס

kornfleiks

קמח

miell

קרואסון

kruasant

לחמנייה

panine

לחם

bukë

טוסט

tost

עוגיות

biskotë

חמאה

gjalp

גבינה לבנה

gjizë

עוגה

tortë

ביצה

vezë

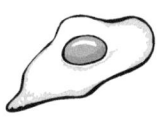

ביצת עין

vezë sy

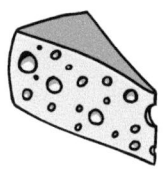

גבינה

djathë

גלידה

akullore

סוכר

sheqer

דבש

mjaltë

ריבה

marmaladë

ממרח נוגט

çokokrem

קארי

këri

חווה
fermë

בית חווה
shtëpi fermë
אסם
hangar
חבילת שחת
deng bari
שדה
fushë
סוס
kal
עגלת נגרר
rimorkio
טרקטור
traktor
סייח
kërriç
חמור
gomar
כבש
dele
טלה
qengj

עז
dhi

פרה
lopë

עגל
viç

חזיר
derr

חזרזיר
derrkuc

שור
dem

חווה - fermë 27

אווז

patë

ברווז

rosë

אפרוח

zog pule

תרנגולת

pulë

תרנגול

gjel

חולדה

mi

חתול

mace

עכבר

mi

שור

buall

כלב

qen

מלונה

kolibe qeni

צינור השקיה

zorrë vaditëse

קנקן מים

vaditëse

חרמש

kosë

מחרשה

plug

מגל

drapër

מגרפה

shat

קלשון

kosa

גרזן

sëpatë

מריצה

karrocë

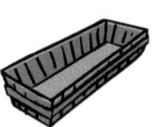

שוקת

govatë

כד חלב

bidon qumështi

שק

thes

גדר

gardh

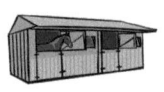

אורווה

ahur

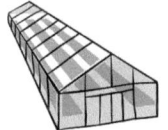

חממה

serë

אדמה

dhe

זרע

farë

דשן

pleh

מקצרה

autokombanjë

קצר

korr

קציר

te korrat

בטטה אפריקנית

patate e ëmbël "Yam"

חיטה

grurë

סויה

soja

תפוח אדמה

patate

תירס

misër

קנולה

raps

עץ פירות

pemë frutore

קסבה

zhardhok manioku

דגנים

drithëra

בית
shtëpi

ארובה
oxhak
גג
çati
מרזב
shkarkues uji
חלון
dritare
פעמון
zile e derës
מוסך
garazh
דלת
derë
פח אשפה
kosh plehërash
תיבת מכתבים
kuti postare
גינה
kopësht

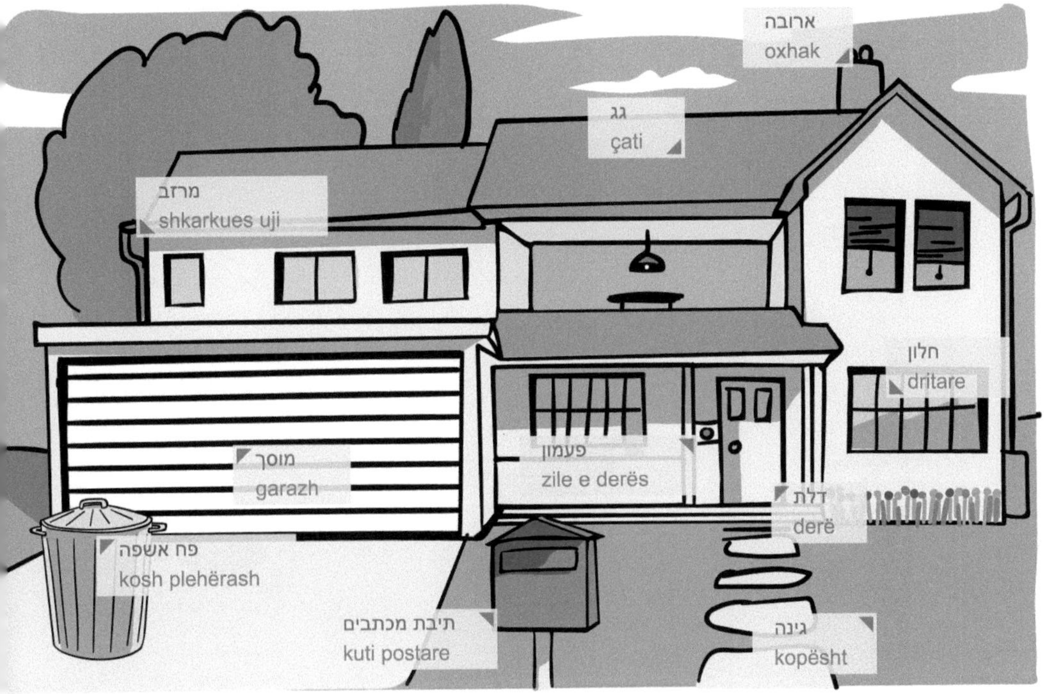

סלון

dhomë ndenjeje

חדר אמבטיה

tualet

מטבח

kuzhinë

חדר שינה

dhomë gjumi

חדר ילדים

dhomë fëmijësh

חדר אוכל

dhomë ngrënieje

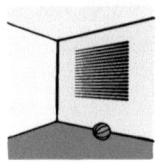

רצפה
dysheme

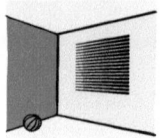

קיר
mur

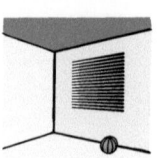

תקרה
tavan

מרתף
bodrum

סאונה
sauna

מרפסת
ballkon

מרפסת
tarracë

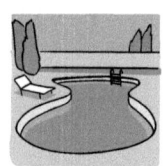

בריכה
pishinë

מכסחת דשא
kositëse bari

סדין
çarçaf

כיסוי מיטה
kuvertë

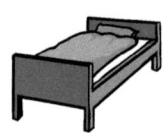

מיטה
krevat

מטאטא
fshesë dore

דלי
kovë

מפסק
çelës

סלון
dhomë ndenjeje

טפט
tapiceri
תמונה
fotografi
מנורה
llambë
מדף
raft
ארון
dollap
טלוויזיה
pajisje televizive
אח
vatër
פרח
lule
כרית
jastëk
ספה
divan
אגרטל
vazo
שלט רחוק
telekomandë

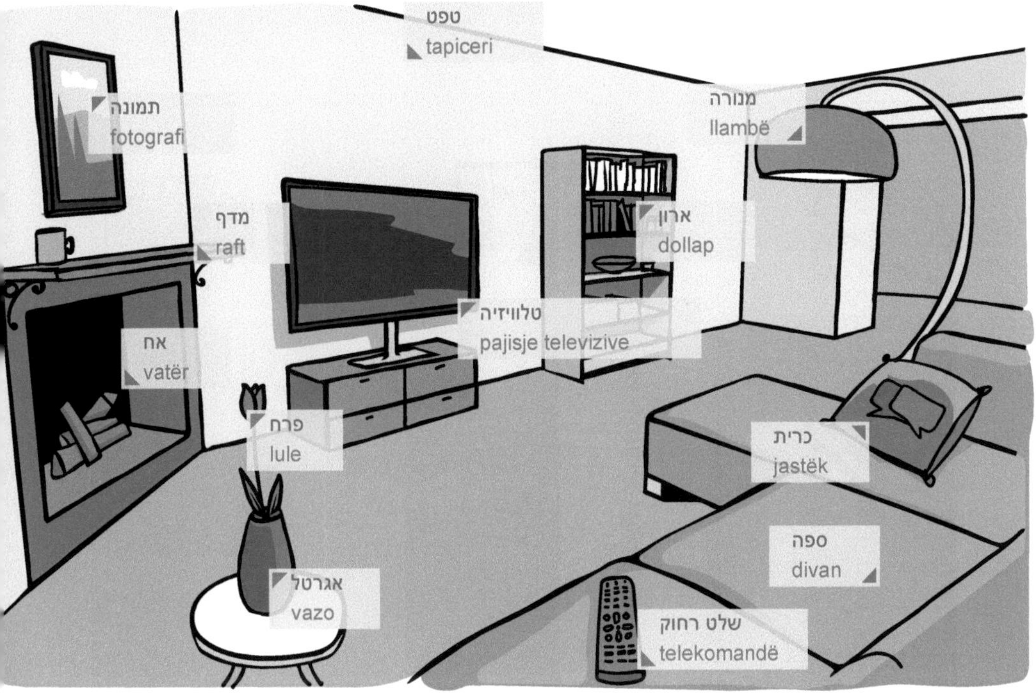

שטיח
qilim

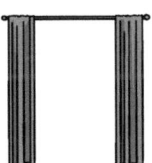

וילון
perde

שולחן
tavolinë

כסא
karrige

כיסא נדנדה
karrige lëkundëse

כורסה
kolltuk

ספר

libri

שמיכה

batanije

דקורציה

zbukurime

עצי הסקה

dru zjarri

סרט

film

מערכת סטריאו

stereo

מפתח

çelës

עיתון

gazetë

ציור

pikturë

פוסטר

afishe

רדיו

radio

מחברת

bllok shënimesh

שואב אבק

fshesë me korent

קקטוס

kaktus

נר

qiri

מטבח
kuzhinë

מקרר
frigorifer
מיקרוגל
mikrovalë
טוסטר
toster
חומר ניקוי
detergjent
תנור
furrë
מקפיא
ngrirës
פח אשפה
kosh plehërash
מדיח כלים
lavastovilje

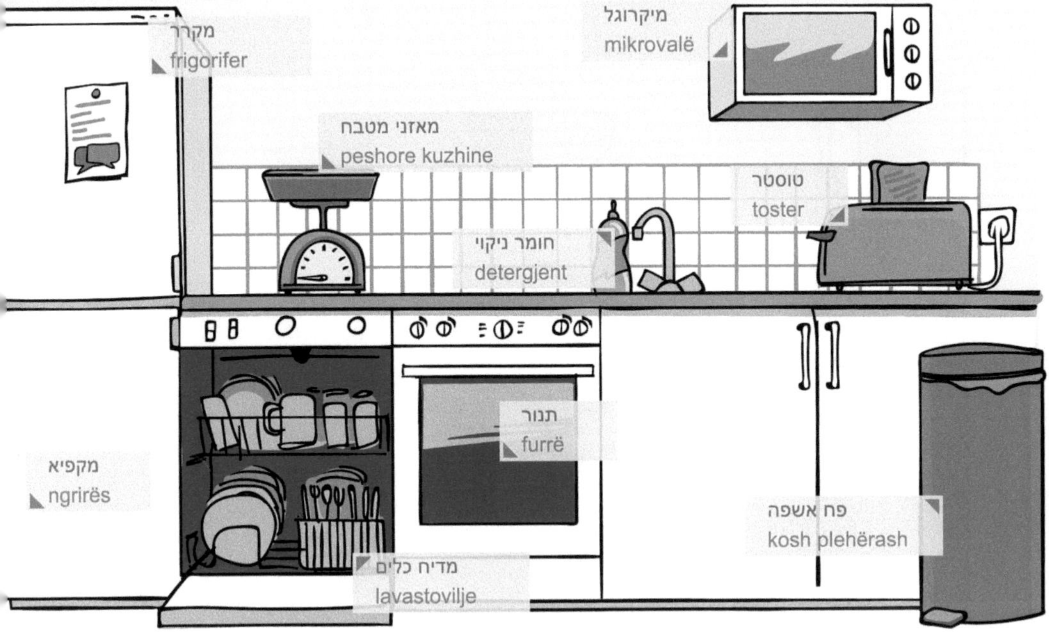

תנור

sobë

סיר

tenxhere

סיר ברזל

tenxhere me kapak

ווק

tigan special (Wok)

מחבת

tigan

קומקום חשמלי

çajnik

מאדה

tenxhere me avull

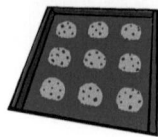

מגש אפייה

tavë pjekjeje

כלי אוכל

enë

ספל

filxhan

קערה

tas

צ'ופסטיקס

shkopinj

מצקת

garuzhde

מרית

spatul

מטרפה

tel kuzhine

מסננת בישול

kulluese

מסננת

sitë

מגרדת

rende

מכתש

havan

גריל

skarë

מדורה

zjarr

קרש חיתוך

dërrasë për prerje

מערוך

okllai

פותחן פקקים

heqëse tapash

פחית

kanaçe

פותחן קופסאות

hapëse kanaçeje

מטלית

rrobë për të kapur
tenxheren

כיור

lavaman

מברשת

furçë

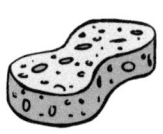

ספוג

sfungjer

בלנדר

përzjerës

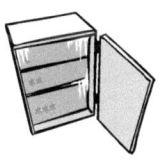

מקפיא

ngrirës

בקבוק לתינוק

biberon për lëngje

ברז

rubinet

חדר אמבטיה
tualet

חימום
ngrohje
מגבת
peshqirë
מקלחת
dush
וילון מקלחת
perde dushi
אמבטיית קצף
vaskë me shkumë
אמבטיה
vaskë
כוס
gotë
מכונת כביסה
lavatriçe
ברז
rubinet
אריחים
pllaka
סיר לילה
oturak
כיור
lavaman

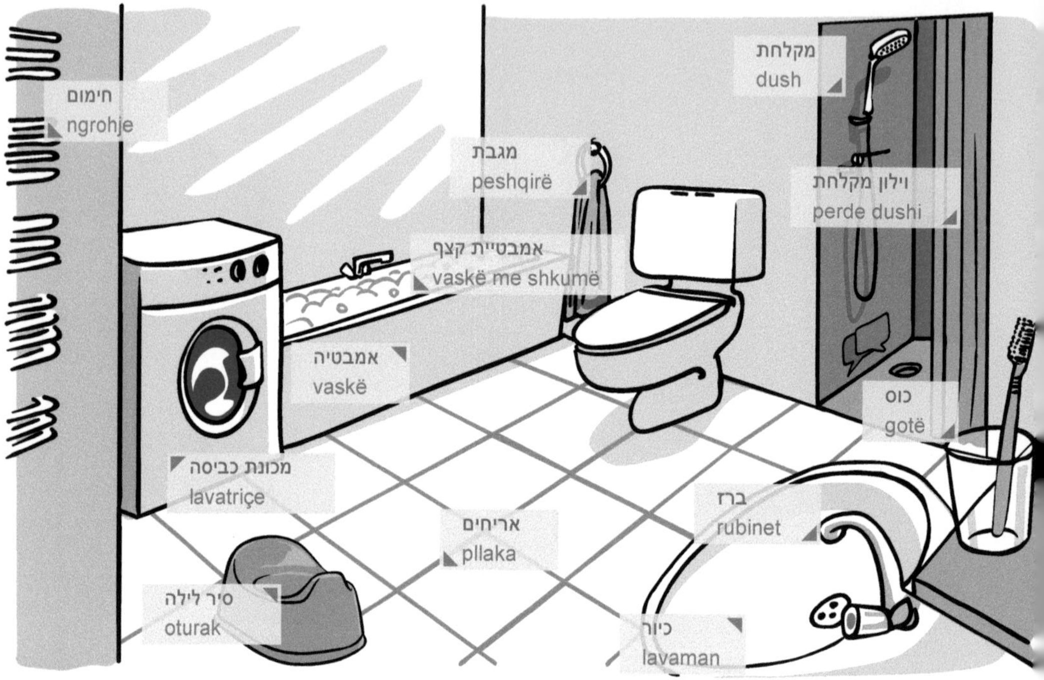

אסלה
tualet

אסלת כריעה
WC e sheshtë

בידה
bide

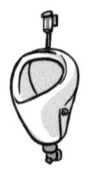

משתנה
tualet publik

נייר טואלט
letër higjienike

מברשת אסלה
furçe për WC

מברשת שיניים

furçë dhëmbësh

משחת שיניים

pastë dhëmbësh

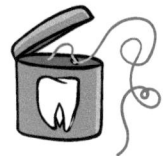

חוט דנטלי

fije dentare

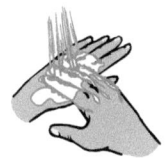

שטף

laj

מקלחת יד

dorezë dushi

צינור שטיפה לשירותים

larës për zonën intime

קערת רחצה

legen

מברשת גב

furçë për masazh shpine

סבון

sapun

ג'ל רחצה

shampo trupi

שמפו

shampo

ליפה

leckë pastruese

ניקוז

kullues

קרם

krem

דיאודורנט

antidjersë

מראה

pasqyrë

מראת יד

pasqyrë dore

סכין גילוח

brisk rroje

קצף גילוח

shkumë rroje

אפטרשייב

locion pas rrojes

מסרק

krehër

מברשת

furçë

מייבש שיעור

tharëse flokësh

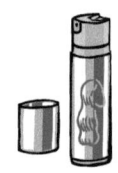

ספריי לשיער

llak për flokët

איפור

grim

שפתון

buzëkuq

לק

manikyr

צמר גפן

mbushje pambuku

מספריים לציפורניים

gërshërë për thonj

בושם

parfum

תיק כלי רחצה

çantë për sendet personale

שרפרף

Stol

משקל

peshore

חלוק רחצה

robëdëshambër

כפפות גומי

dorashka gome

טמפון

tampon

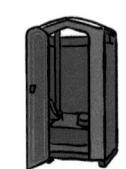

תחבושת סניטרית

peceta higjienike

שירותים כימיקליים

tualet I lëvizshëm

חדר ילדים

dhomë fëmijësh

שעון מעורר
orë me zile
צעצוע חיבוק
lodra me pellushë
מכונית צעצוע
makinë lodër
רעשן
rraketake
בית בובות
shtëpi kukullash
מתנה
dhuratë

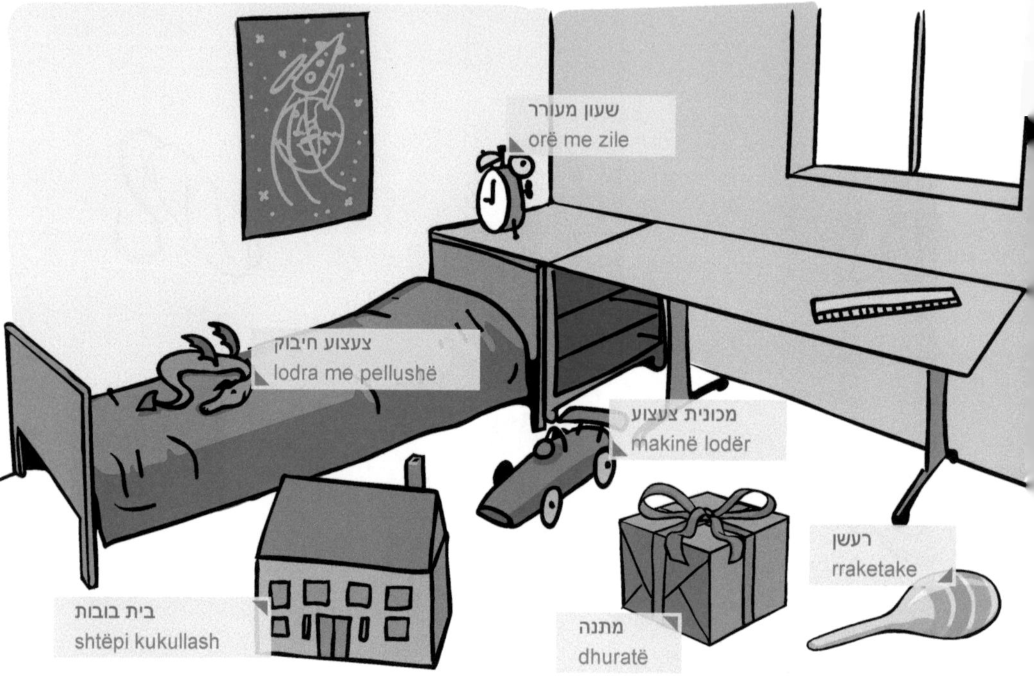

בלון
....
tollumbace

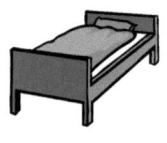

מיטה
....
krevat

עגלה
....
karrocë fëmijësh

משחק קלפים
....
lojë me letra

פאזל
....
bashkim pjesësh me figura

קומיקס
....
komik

לגו

formuese lodër

קוביות משחק

kuba plastikë

דמות משחק

lodra

סרבל תינוקות

badi

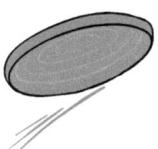

פריזבי

frizbi

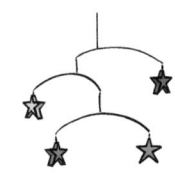

נייד

lodra të varura tek krevati i fëmijëve

משחק לוח

tavolinë lojërash

קוביה

zare

רכבת צעצוע

model treni

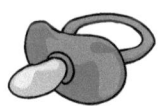

מוצץ

biberon

מסיבה

festë

אלבום תמונות

libër me ilustrime

כדור

top

בובה

kukull

שיחק

luaj

ארגז חול

grumbull rëre

נדנדה

kolovarëse

צעצועים

lodra

קונסולת משחקים

leva për lojra video

אופניים תלת גלגלי

triçikël

דובון

arush prej pellushi

ארון בגדים

garderobë

בגדים

veshje

גרביים

çorape

גרביונים

çorape të gjata

גרביון

geta

צעיף
shall

מטריה
çadër

חולצת טי
bluzë pa jakë

חגורה
rrip

מגפיים
çizme

נעלי בית
pantofla

נעלי ספורט
atlete

סנדלים
sandale

נעליים
këpucë

מגפי גומי
çizme llastiku

תחתונים
të mbathura

חזייה
reçipeta

וסט
kanotierë

גוף
trup

מכנסיים
pantallona

ג'ינס
xhinse

חצאית
fund

חולצה מכופתרת
bluzë

חולצה
këmishë

אפודה
pulovër

סווצ'ר עם קפוצ'ון
triko

בלייזר
xhaketë

ז'קט
xhaketë

מעיל
pallto

מעיל גשם
mushama shiu

תלבושת
kostum

שמלה
fustan

שמלת כלה
fustan nusërie

חליפה
kostum

כותונת לילה
këmishë nate

פיג'מה
pizhama

סארי
sari (veshje tradicionale indiane)

מטפחת ראש
shami koke

טורבן
çallmë

בורקה
veshje për femrat e besimit musliman

קאפטן
kaftan (lloj veshjeje tradicionale)

עבאיה
ferexhe

בגד ים
kostum banje

בגד ים
rroba banje

מכנסיים קצרים
pantallona të shkurtra

בגד אימון
tuta sporti

סינר
përparëse

כפפות
dorashka

כפתור

kopsë

משקפיים

syze

צמיד יד

byzylyk

שרשרת

gjerdan

טבעת

unazë

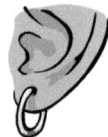

עגיל

vath

כובע

kapuç

קולב

varëse për pallto

כובע

kapele

עניבה

kravatë

רוכסן

zinxhir

קסדה

helmetë

כתפיות

tiranda

תלבושת בית ספר

uniformë shkolle

מדים

uniformë

מפית אוכל

gushore

מוצץ

biberon

חיתול

pelenë

משרד

zyrë

שרת
server
תיקייה
skedar
מדפסת
printer
נייר
letër
מסך
ekran
עכבר
maus
שולחן עבודה
tavolinë
תיק
dosje
מקלדת
tastierë
סל נייר
kosh letrash
מחשב
kompjuter
כסא
karrige

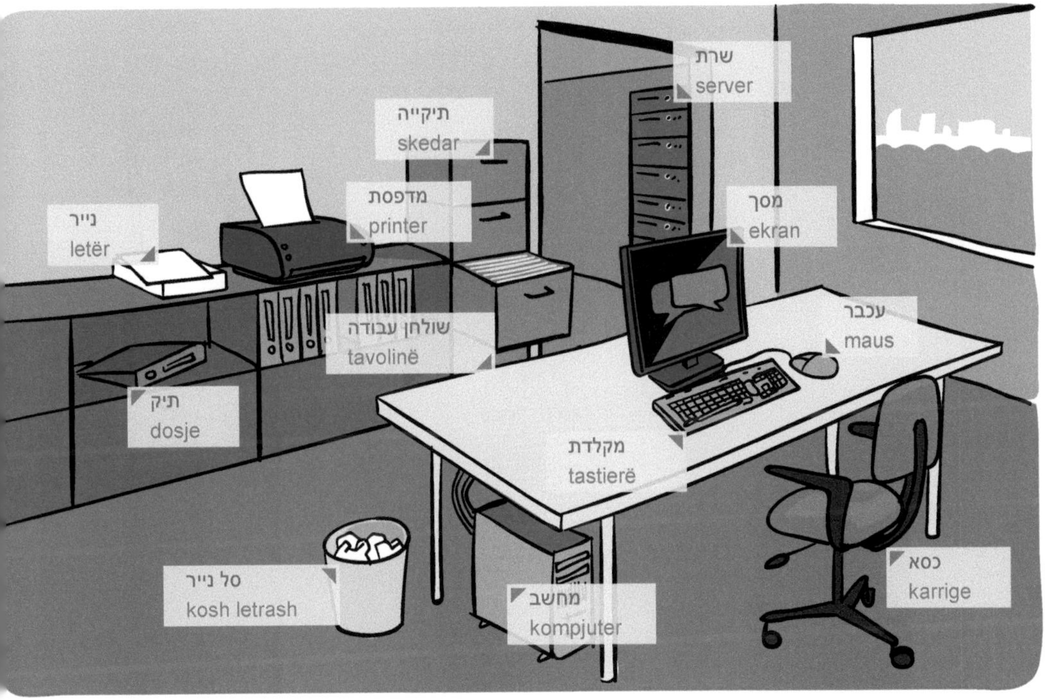

ספל קפה

filxhan kafeje

מחשבון

makinë llogaritëse

אינטרנט

internet

מחשב נייד

kompjuter portativ

מכתב

letër

הודעה

mesazh

נייד

telefon

רשת

rrjet

מכונת צילום

fotokopje

תוכנה

program

טלפון

telefon

שקע

prizë

פקס

pajisje faksi

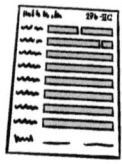

טופס

formular

מסמך

dokument

כלכלה
ekonomi

קנה

blej

שילם

paguaj

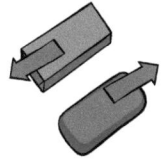

סחר

tregtoj

כסף

para

דולר

dollar

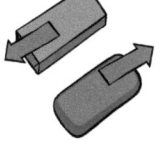

יורו

euro

ין

jen

רובל

rubla

פרנק שווייצרי

franga zvicerane

יואן רנמינבי

juani kinez

רופי

rupje

כספומט

bankomat

המרת מטבע

pikë këmbimi valutor

זהב

ar

כסף

argjend

נפט

nafta

אנרגיה

energji

מחיר

çmim

חוזה

kontratë

מס

taksë

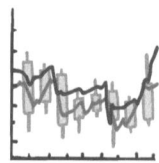

מנייה

aksione

עבד

punoj

עובד

punonjës

מעסיק

punëdhënës

מפעל

fabrikë

חנות

dyqan

מקצועות

profesionet

שוטר
oficer policie
כבאי
zjarrfikës
טבח
kuzhinier
רופא
mjek
טייס
pilot

גנן

kopshtar

נגר

marangoz

תופרת

rrobaqepëse

שופט

gjykatës

כימאי

kimist

שחקן

aktor

נהג אוטובוס

shofer autobuzi

נהג מונית

taksist

דייג

peshkatar

עובדת נקיון

pastruese

מתקן גגות

riparues çatish

מלצר

kamarier

צייד

gjuetar

צייר

piktor

אופה

furrxhi

חשמלאי

elektriçist

עובד בניין

ndërtues

מהנדס

inxhinier

קצב

kasap

אינסטלטור

hidraulik

דוור

postieri

חייל

ushtar

אדריכל

arkitekt

קופאי

arkëtar

מוכר פרחים

luleshitës

ספר

berber

כרטיסן

kontrollor

מכונאי

mekanik

קברניט

kapiten

רופא שיניים

dentist

מדען

shkencëtar

רב

rabin

אימאם

imam

נזיר

murg

כומר

klerik

כלי עבודה
mjete

פטיש
çekiç
צבת
pinca
מברג
kaçavidë
מפתח ברגים
çelës mekanik
פנס
elektrik dore

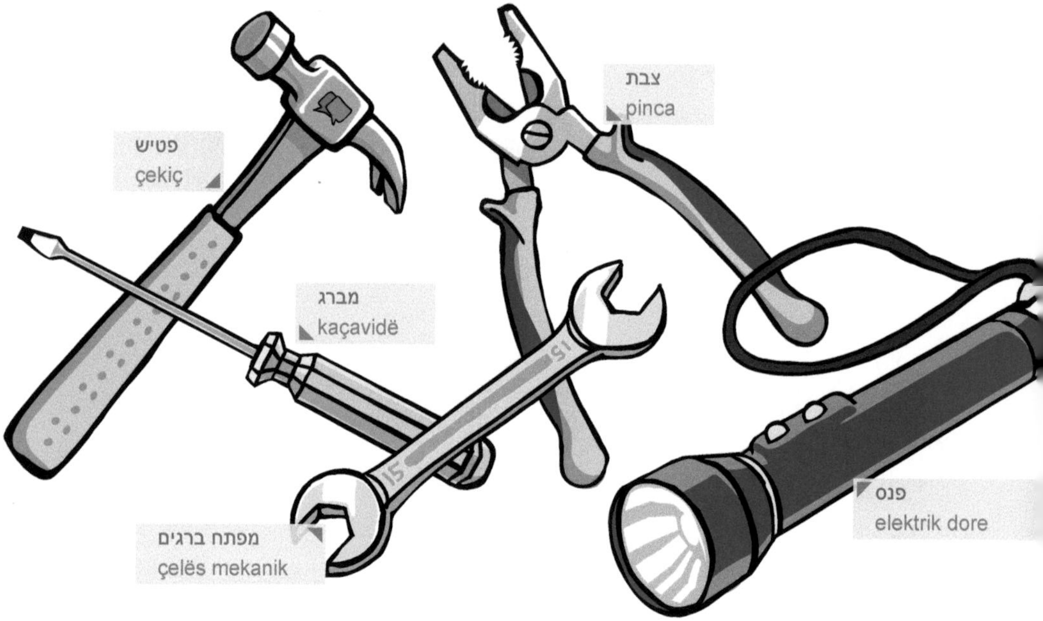

דחפור

ekskavator

ארגז כלים

kuti veglash

סולם

shkallë

מסור

sharrë

מסמרים

gozhdë

מקדחה

trapan

תיקן

riparoj

את חפירה

lopatë

לעזאזל!

Dreq!

יעה

kaci

פח צבע

kuti boje

ברגים

vidhë

כלי נגינה

instrumenta muzikorë

רמקול
altoparlant
מערכת תופים
bateri
גיטרה
kitare
קונטראבס
kontrabas
חצוצרה
trompë

פסנתר

piano

כינור

violinë

בס

bas

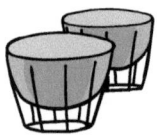

תוף הדוד

tamburë

תופים

daulle

מקלדת פסנתר

tastierë pianoje

סקסופון

saksofon

חליל

flaut

מיקרופון

mikrofon

גן חיות

kopsht zoologjik

כניסה
hyrje
נמר
tigër
כלוב
kafaz
זברה
zebër
מזון לחיות
ushqim për kafshë
פנדה
panda

בעלי חיים

kafshë

פיל

elefant

קנגרו

kangur

קרנף

rinoceront

גורילה

gorillë

דוב

ari

גמל

deve

יען

struc

אריה

luan

קוף

majmun

פלמינגו

flamingo

תוכי

papagall

דוב הקרח

ari polar

פינגווין

pinguin

כריש

peshkaqen

טווס

pallua

נחש

gjarpër

תנין

krokodil

שומר גן החיות

punonjës i kopshtit zoologjik

כלב ים

fokë

יגואר

xhaguar

סוס פוני

poni

לאופרד

leopard

היפופוטאם

hipopotam

ג'ירפה

gjirafë

נשר

shqiponjë

חזיר בר

derr i egër

דג

peshk

צב

breshkë

סוס ים

lopë deti

שועל

dhelpër

איילה

gazelë

ספורט
sportet

פוטבול אמריקאי
futboll amerikan
רכיבת אופניים
çiklizëm
טניס
tenis
כדורסל
basketboll
שחיה
not
אגרוף
boks
הוקי
hokej mbi akull

כדורגל
futboll

בדמינטון
badminton

אתלטיקה
atletikë

כדור-יד
hendboll

עשה סקי
ski

פולו
polo

פעילויות
aktivitet

קפץ
hidhem
חיבק
përqafoj
צחק
qesh
הלך
eci
שר
këndoj
חלם
ëndërroj
התפלל
lutem
נשק
puth

כתב

shkruaj

צייר

vizatoj

הראה

tregoj

דחף

shtyj

נתן

jap

לקח

marr

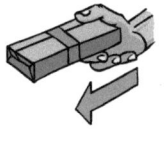

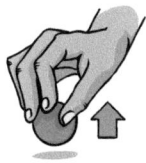

יש / להיות הבעלים

kam

עשה

bëj

היה

jam

עמד

qëndroj

רץ

vrapoj

משך

tërheq

זרק

hedh

נפל

bie

שכב

shtrihem

חיכה

pres

סחב

mbaj

ישב

ulem

התלבש

vishem

ישן

fle

התעורר

zgjohem

הסתכל ב-

shikoj

בכה

qaj

ליטף

përkëdhel

סירק

kreh

דיבר

bisedoj

הבין

kuptoj

שאל

kërkoj

שמע

dëgjoj

שתה

pi

אכל

ha

סידר

sistemoj

אהב

dashuroj

בישל

gatuaj

נהג

drejtoj makinën

עף

fluturoj

שט

lundroj

חישב

llogaris

קרא

lexoj

למד

mësoj

עבד

punoj

התחתן

martohem

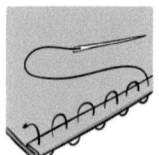

תפר

qep

ציחצח שיניים

laj dhëmbët

הרג

vras

עישן

tymos

שלח

dërgoj

סבתא
gjyshe

סבא
gjysh

אבא
baba

אימא
nënë

תינוק
bebe

בת
vajzë

בן
djalë

אורח
mysafir

דודה
teze, hallë

דוד
dajë, xhaxha

אח
vëlla

אחות
motër

גוף
trupi

מצח
balli
עין
syri
כתף
shpatulla
אצבע
gishti
פנים
fytyra
סנטר
mjekra
כף יד
dora
חזה
krahërori
רגל
këmba
זרוע
krahu

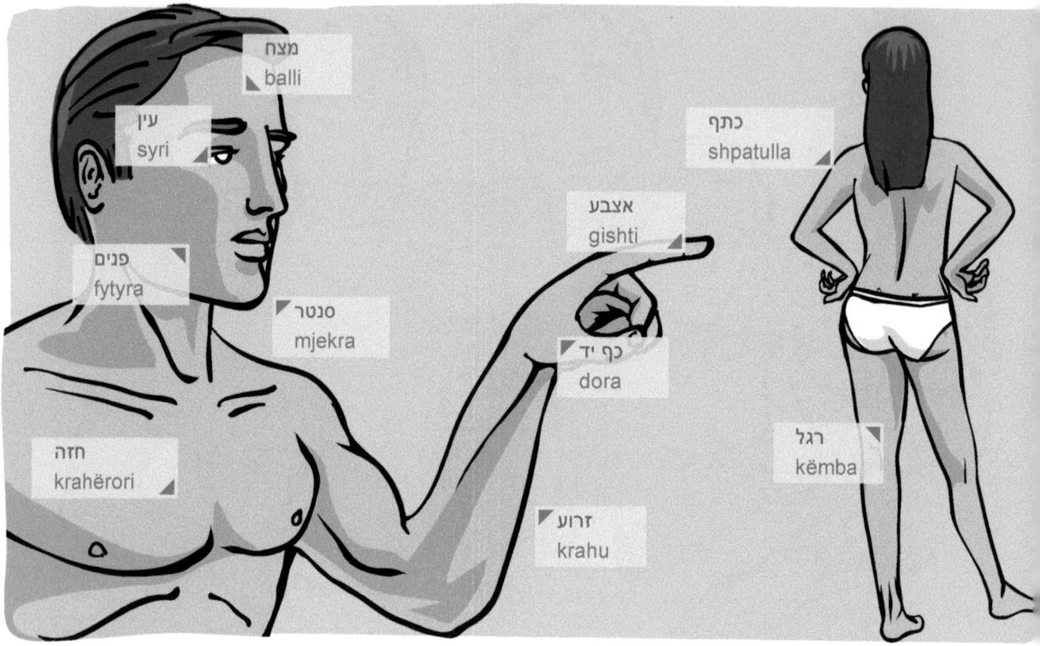

תינוק

bebe

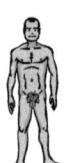

איש

burrë

אישה

grua

ילדה

vajzë

ילד

djalë

ראש

koka

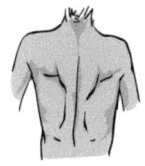

גב

shpina

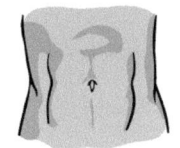

בטן

barku

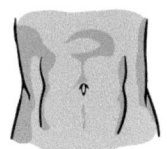

טבור

kërthiza

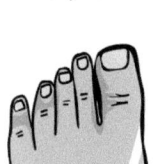

אצבע

gisht këmbe

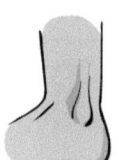

עקב

Thembra

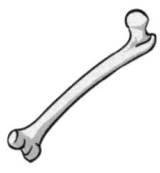

עצם

kockë

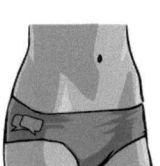

ירך

legeni

ברך

gjuri

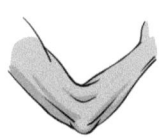

מרפק

bërryli

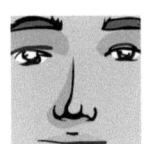

אף

hunda

עכוז

vithe

עור

lëkura

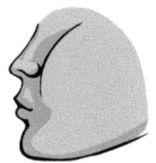

לחי

faqja

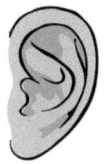

אוזן

veshi

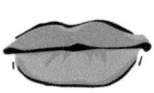

שפתיים

buza

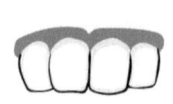

פה

goja

שן

dhëmbët

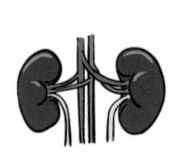

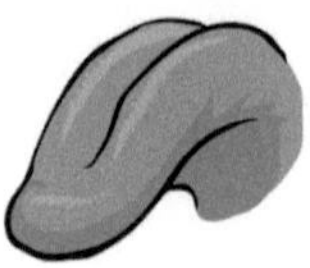

לשון

gjuha

מוח

truri

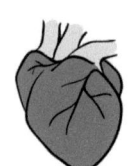

לב

zemra

שריר

muskul

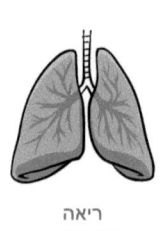

ריאה

mushkëria

כבד

mëlçia

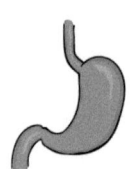

קיבה

stomaku

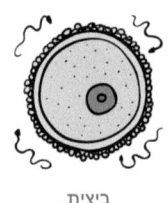

כליות

veshka

מין

seks

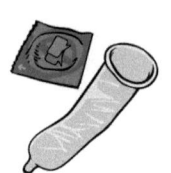

קונדום

prezervativ

ביצית

veza

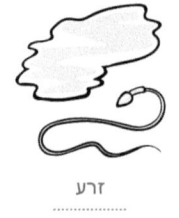

זרע

sperma

הריון

shtatëzani

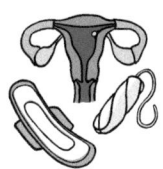

וסת

menstruacione

נרתיק

vagina

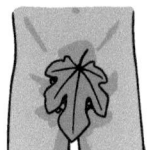

פין

penis

גבה

vetulla

שיער

flokët

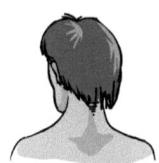

צוואר

qafa

בית חולים

spital

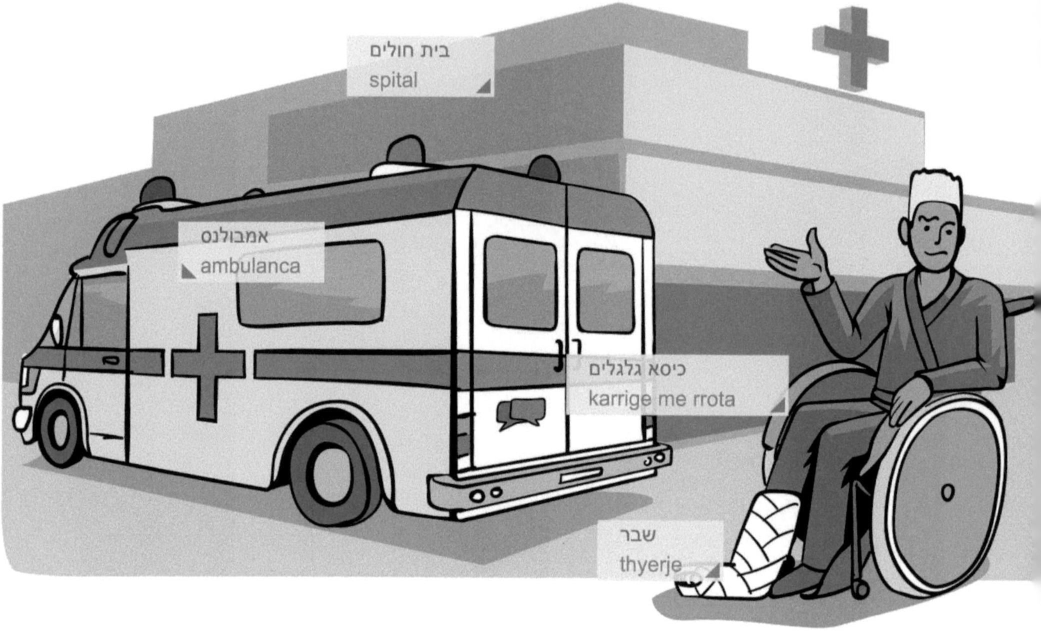

בית חולים
spital
אמבולנס
ambulanca
כיסא גלגלים
karrige me rrota
שבר
thyerje

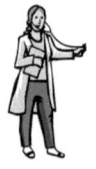

רופא

mjek

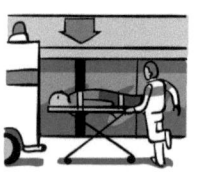

חדר מיון

sallë urgjencash

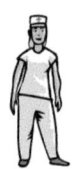

אחות

infermiere

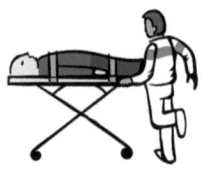

חירום

emergjencë

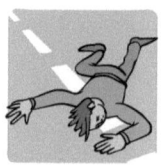

חסר הכרה

i pandërgjegjshëm

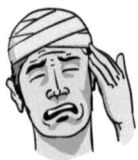

כאב

dhimbje

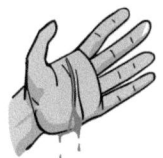

פציעה

dëmtim

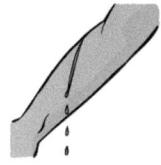

דימום

gjakosje

התקף לב

infarkt

שבץ

goditje

אלרגיה

alergji

שיעול

kolla

חום

ethe

שפעת

grip

שלשול

diarre

כאב ראש

dhimbje koke

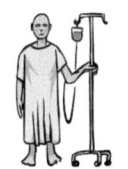

סרטן

kancer

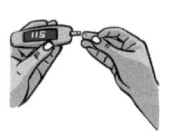

סוכרת

diabet

מנתח

kirurg

אזמל

bisturi

ניתוח

operacion

סי-טי

CT (skaner)

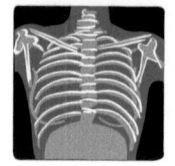

רנטגן

radiografi

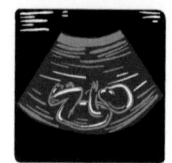

אולטרסאונד

ultratingull

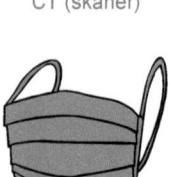

מסיכת פנים

maskë fytyre

מחלה

sëmundje

חדר המתנה

dhomë pritjeje

קבה

paterica

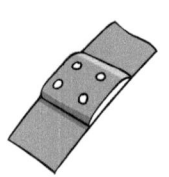

פלסטר

leukoplast

תחבושת

fasho

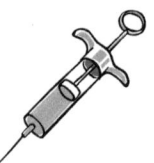

זריקה

injeksion

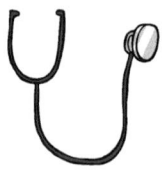

סטטוסקופ

stetoskop

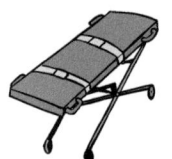

אלונקה

barelë

מד חום

termometër

לידה

lindje

עודף משקל

mbipeshë

מכשיר שמיעה
aparat dëgjimi

מחטא
dezinfektant

זיהום
infeksion

נגיף
virus

איידס
HIV / AIDS

תרופה
mjekësi, mjekim

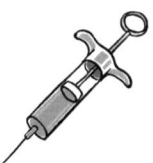

חיסון
vaksinim

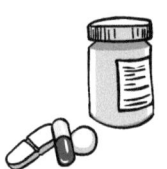

טבליות
tableta

גלולה
pilulë

קריאת חירום
telefonatë emergjence

מד לחץ דם
aparat tensioni

חולה / בריא
i sëmurë / i shëndetshëm

חירום
emergjencë

הצילו!

Ndihmë!

אזעקה

alarm

פשיטה

sulm

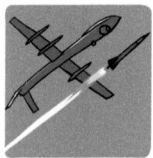

תקיפה

atak

סכנה

rrezik

יציאת חירום

dalje emergjence

אש!

Zjarr!

מטף כיבוי

fikëse zjarri

תאונה

aksident

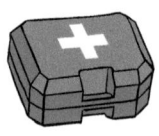

ערכת עזרה ראשונה

kuti e ndimës së shpejtë

הצילו!

SOS

משטרה

policia

כדור הארץ
toka

אירופה
....
Europa

צפון אמריקה
....
Amerika e Veriut

דרום אמריקה
....
Amerika e Jugut

אפריקה
....
Afrika

אסיה
....
Azia

אוסטרליה
....
Australia

האוקיינוס האטלנטי
....
Atlantiku

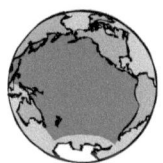

האוקיינוס השקט
....
Paqësori

האוקיינוס ההודי
....
Oqeani Indian

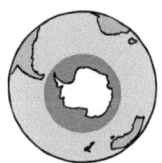

האוקיינוס האנטרקטי
....
Oqeani Antarktik

האוקיינוס הארקטי
....
Oqeani Arktik

הקוטב הצפוני
....
Poli i veriut

הקוטב הדרומי

Poli i Jugut

אנטארקטיקה

Antarktida

כדור הארץ

toka

אדמה

tokë

ים

det

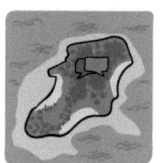

אי

ishull

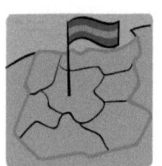

לאום

komb

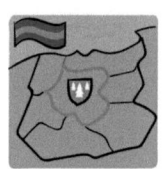

מדינה

shtet

שעון

orë

פני השעון

fusha e orës

מחוג השעות

akrepi i orës

מחוג הדקות

akrepi i minutave

מחוג השניות

akrepi i sekondave

מה השעה?

Sa është ora?

יום

ditë

זמן

kohë

עכשיו

tani

שעון דיגיטלי

orë dixhitale

דקה

minutë

שעה

orë

יום שני
e hënë

MO

W יום רביעי
e mërkurë

TU

TH יום שבת
e shtunë

FR יום שישי
e premte

SA

SO

יום שלישי
e martë

יום חמישי
e enjte

יום ראשון
e diel

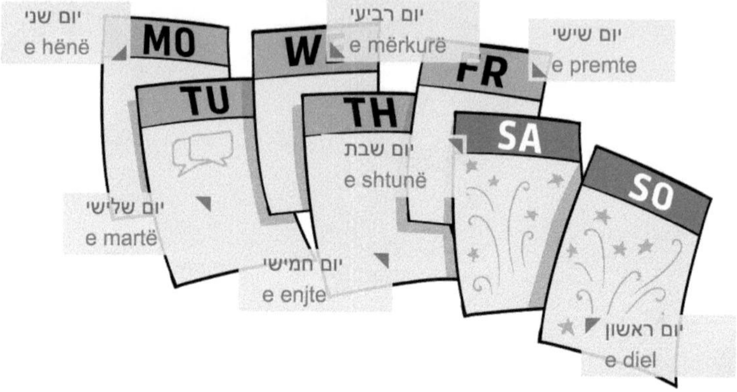

אתמול
dje

היום
sot

מחר
nesër

בוקר
mëngjes

צהריים
mesditë

ערב
mbrëmje

MO	TU	WE	TH	FR	SA	SU
1	2	3	4	5	6	7
8	9	10	11	12	13	14
15	16	17	18	19	20	21
22	23	24	25	26	27	28
29	30	31	1	2	3	4

ימי עבודה
ditë pune

MO	TU	WE	TH	FR	SA	SU
1	2	3	4	5	6	7
8	9	10	11	12	13	14
15	16	17	18	19	20	21
22	23	24	25	26	27	28
29	30	31	1	2	3	4

סוף שבוע
fundjavë

שנה

vit

גשם
shi
קשת בענן
ylber
רוח
erë
שלג
borë
אביב
pranverë
קיץ
verë
סתיו
vjeshtë
חורף
dimër

4.APRIL 11°
5.APRIL 4°
6.APRIL 13°
7.APRIL 8°
8.APRIL 10°

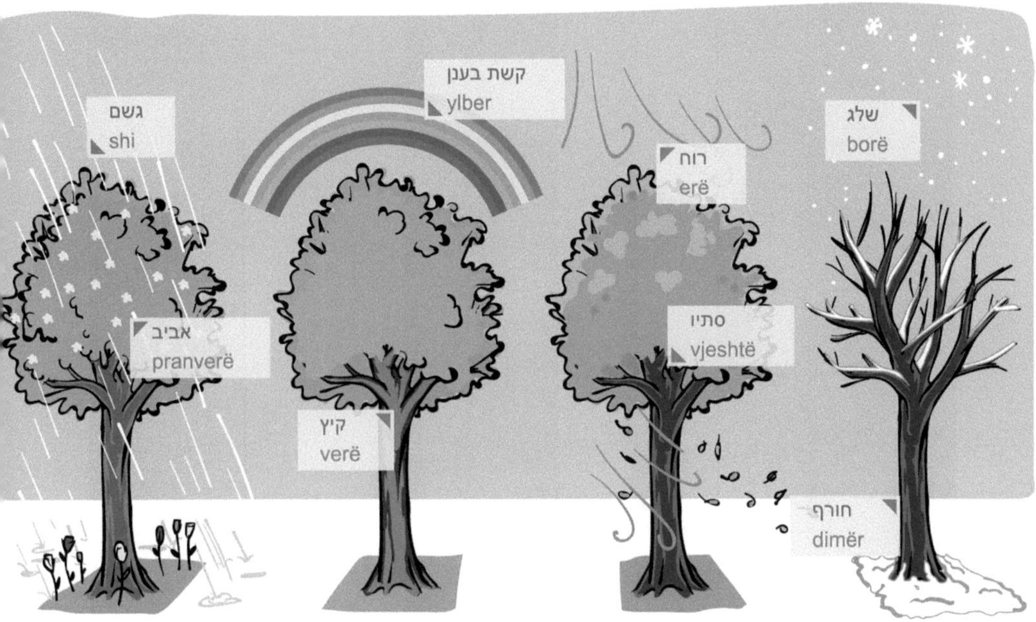

תחזית מזג האוויר

parashikimi i motit

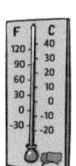

0
10
0
-10

מד חום

termometër

אור שמש

ndriçim dielli

ענן

re

ערפל

mjegull

לחות

lagështi

ברק

vetëtima

רעם

gjëmim

סערה

stuhi

ברד

breshër

רוח עונתי

muson

שיטפון

përmbytje

קרח

akull

ינואר

janar

פברואר

shkurt

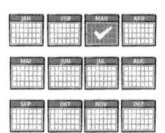

מרץ

mars

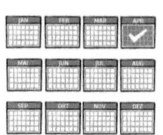

אפריל

prill

מאי

maj

יוני

qershor

יולי

korrik

אוגוסט

gusht

ספטמבר

shtator

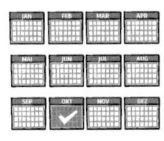

אוקטובר

tetor

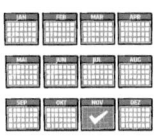

נובמבר

nëntor

דצמבר

dhjetor

צורות

forma

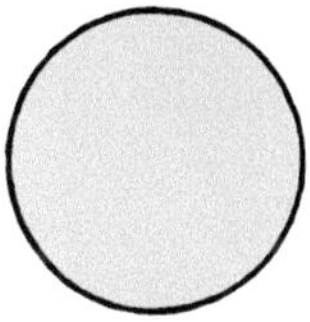

עיגול

rreth

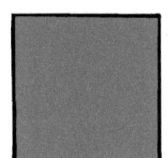

מרובע

katror

מלבן

drejtkëndësh

משולש

trekëndësh

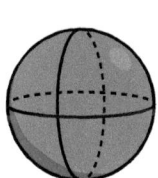

כדור

sferë

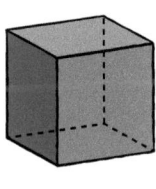

קובייה

kub

צבעים

ngjyra

לבן

e bardhë

צהוב

e verdhë

כתום

portokalli

ורוד

rozë

אדום

e kuqe

סגול

vjollcë

כחול

blu

ירוק

e gjelbër

חום

kafe

אפור

gri

שחור

e zezë

הפכים
të kundërta

הרבה / מעט

shumë / pak

כועס / רגוע

i nevrikosur / i qetë

יפה / מכוער

i bukur / i shëmtuar

התחלה / סוף

fillim / fund

גדול / קטן

i madh / i vogël

בהיר / כהה

i ndritshëm / i errët

אח / אחות

vëlla / motër

נקי / מלוכלך

e pastër / e pistë

שלם / חלקי

e plotë / jo e plotë

יום /לילה

ditë / natë

מת / חי

gjallë / vdekur

רחב / צר

i gjerë / i ngushtë

אכיל / לא אכיל

i ngrënshëm / i pangrënshëm

רשע / טוב לב

i keq / i këndshëm

מתרגש / משועמם

i lumtur / i mërzitur

שמן / רזה

i shëndoshë / i dobët

ראשון / אחרון

e para / e fundit

חבר / אויב

mik / armik

מלא / ריק

plot / bosh

קשה / רך

e fortë / e butë

כבד / קל

e rëndë / e lehtë

רעב / צמא

uri / etje

חולה / בריא

i sëmurë / i shëndetshëm

בלתי-חוקי / חוקי

e paligjshme / e ligjshme

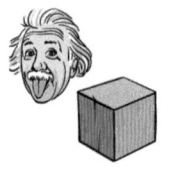

נבון / טיפש

i zgjuar / budalla

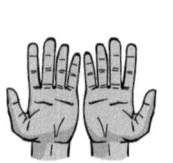

שמאל / ימין

majtas / djathtas

קרוב / רחוק

afër / larg

חדש / משומש

e re / e përdorur

כלום / משהו

asgjë / diçka

זקן / צעיר

i moshuar / i ri

פעיל / כבוי

ndezur / fikur

פתוח / סגור

hapur / mbyllur

שקט / רועש

i qetë / i zhurmshëm

עשיר / עני

i pasur / i varfër

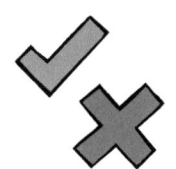

נכון / שגוי

e drejtë / e gabuar

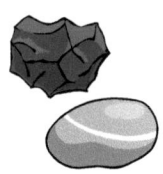

מחוספס / חלק

i ashpër / i butë

עצוב / שמח

i mërzitur / i lumtur

קצר / ארוך

i shkurtër / i gjatë

איטי / מהיר

ngadalë / shpejt

רטוב / יבש

i lagësht / i thatë

חם / קר

ngrohtë / freskët

מלחמה / שלום

luftë / paqe

מספרים

numra

0	1	2
אפס	אחת	שתיים
zero	një	dy
3	4	5
שלוש	ארבע	חמש
tre	katër	pesë
6	7	8
שש	שבע	שמונה
gjashtë	shtatë	tetë
9	10	11
תשע	עשר	אחת-עשרה
nentë	dhjetë	njëmbëdhjetë

12

שתים-עשרה

dymbëdhjetë

13

שלוש-עשרה

trembëdhjetë

14

ארבע-עשרה

katërmbëdhjetë

15

חמש-עשרה

pesëmbëdhjetë

16

שש-עשרה

gjashtëmbëdhjetë

17

שבע-עשרה

shtatëmbëdhjetë

18

שמונה-עשרה

tetëmbëdhjetë

19

תשע-עשרה

nentëmbëdhjetë

20

עשרים

njëzetë

100

מאה

qind

1.000

אלף

mijë

1.000.000

מיליון

milion

שפות
gjuhët

אנגלית

anglisht

אנגלית אמריקאית

anglishte amerikane

סינית מנדרינית

kinezisht mandarin

הודית

hindi

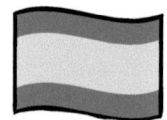

ספרדית

spanjisht

צרפתית

frëngjisht

ערבית

arabisht

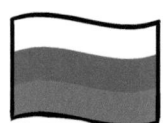

רוסית

rusisht

פורטוגזית

portugalisht

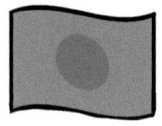

בנגלית

bengalisht

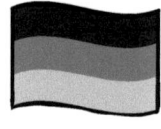

גרמנית

gjermanisht

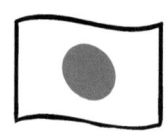

יפנית

japonisht

מי / מה / איך
kush / çfarë / si

אני

unë

אתה / את

ti

הוא / היא / זה

ai / ajo

אנחנו

ne

אתם

ju

הם

ata

מי?

kush?

מה?

çfarë?

איך?

si?

איפה?

ku?

מתי?

kur?

שם

emër

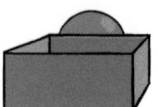

איפה

ku

מאחור

pas

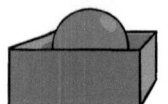

בתוך

në

לפני

përballë

מעל

sipër

על

mbi

מתחת

poshtë

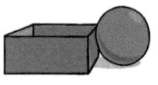

ליד

pranë

בין

midis

מקום

vend